Peter Uihlein

CHEMNITZ

Bewegte Zeiten – Die 50er und 60er Jahre

Wartberg Verlag

In unserer Reihe „Bilder aus Chemnitz“ sind bisher erschienen:

(1) Chemnitz – Ein Bildband in Farbe
(2) Chemnitz – Auf den ersten Blick
(3) Chemnitz – Ein verlorenes Stadtbild
(4) Chemnitz gestern und heute – Eine Gegenüberstellung
(5) Chemnitz – Rundflug über das alte Chemnitz
(6) Chemnitz – Bewegte Zeiten – Die 50er und 60er Jahre

Fotonachweis: S. 46, G. Herrmann; alle übrigen Fotos, Peter Uihlein (im Besitz des Stadtarchivs Chemnitz)

1. Auflage 2000

Druck: Thiele & Schwarz, Kassel
Buchbinderische Verarbeitung: Thomas Müntzer, Bad Langensalza

34281 Gudensberg-Gleichen, Im Wiesental 1, Tel. 05603/93050
ISBN 3-86134-680-X

Chemnitz – „eine Stadt hilft sich selbst“

Ich kam im Jahr 1947 fünfzehnjährig mit meiner Familie nach Chemnitz, das mir bis dahin sowohl vor als auch nach der weitgehenden Zerstörung im Zweiten Weltkrieg vollständig unbekannt war. Nachdem ich aber in den Besitz der Foto-Sammlung der Firma „Foto-Fuchs“ kam, hatte ich mit diesen Fotos aus dem unzerstörten Chemnitz etwas in der Hand, um mich in meiner neuen Heimat besser zurechtzufinden. Anfang der 50er Jahre lagen nämlich noch große Teile von Chemnitz in Trümmern. Doch die Menschen hatten schon begonnen, nach und nach die Hinterlassenschaften des Krieges zu beseitigen. Das Motto hieß damals: „Chemnitz – eine Stadt hilft sich selbst“. Ich stieß damals immer wieder auf kleine und große Veränderungen im Stadtbild. Ohne im geringsten daran zu denken, daß die Fotos einmal viel später zu einem Bildband über Chemnitz zusammengestellt werden sollten, streifte ich von da an mit meiner ersten Kamera, die ich mir von meinem ersten verdienten Geld leistete, durch die Stadt und versuchte, wesentliche Veränderungen mit meiner Kamera festzuhalten.
Dadurch entstanden Foto-Dokumente, die gerade heute, nachdem etwa ein halbes Jahrhundert vergangen ist, nicht nur für Geschichtsinteressierte von Bedeutung sind. Durch die Veröffentlichung der Fotos in diesem Band können nun auch Sie, liebe Chemnitzer und Chemnitzerinnen, an diesem Stück Geschichte der Stadt teilhaben. Bedenken Sie jedoch, daß es schwierig war, die meist spontan in einem kleinen Bildformat entstandenen Aufnahmen und häufig aus einem Gefühl heraus ausgewählten Motive, nach so langer Zeit stets historisch genau zu beschreiben. Eventuelle Irrtümer bitte ich mir nachzusehen.

Ich danke Herrn Tasche für seine wertvollen Hinweise zum Manuskript und den Mitarbeiterinnen und Mitarbeitern des Chemnitzer Stadtarchivs, insbesondere Frau Keil und Frau Viertel, für die Unterstützung bei der Bildauswahl sowie Herrn Dr. Pfalzer für die Mithilfe bei umfangreichen Recherchen hinsichtlich zeitlich exakter Straßenbenennungen.

Ich wünsche Ihnen eine hoffentlich angenehme Lektüre, manchen „Aha-Effekt“, aber auch die Wiederkehr persönlicher Erinnerungen.

Peter Uihlein

Trümmerbeseitigung in Chemnitz nach dem Krieg

Chemnitz im Jahr 1961: Neubauten in Großplattenbauweise

Fotos oben und rechts: In den fünfziger Jahren lagen große Teile von Chemnitz noch in Trümmern, die anglo-amerikanische Luftangriffe vom März 1945 hinterlassen hatten. Das Bild oben zeigt die groteske Steinwüste am Stalinplatz. Auf der rechten Seite wird dokumentiert, wie Aufbauhelfer aus Betrieben und der „nichtarbeitenden Bevölkerung" die Ruinen räumten, Freiflächen schufen und wertvolles Baumaterial zur Wiederverwendung bargen.

KONSUM

Mit einfachen Werkzeugen und geringen technischen Hilfsmitteln, aber mit großem persönlichen Einsatz wurden nach und nach immer mehr Trümmerflächen von den Kriegshinterlassenschaften geräumt. Dieser Aufgabe wurde manche Stunde freiwilliger gesellschaftlicher Arbeit im Rahmen des Nationalen Aufbauwerkes (NAW) gewidmet.

Als Ergebnis der Bemühungen großer Teile der Bevölkerung waren wenigstens die Hauptverkehrswege der Geisterstadt bald wieder einigermaßen begehbar, später auch befahrbar! Die Aufnahme oben zeigt die Theaterstraße in Richtung Stalinplatz mit der Kreuzung zur Straße der Nationen. Rechts (außerhalb des Bildes) befindet sich das Wahrzeichen von Chemnitz, der stark beschädigte Rote Turm. Links in der Bildmitte ist die Kontur des Kaufhauses Merkur (ab 01. 01. 1952 HO-Warenhaus) erkennbar.

Die Bautafel beweist es: Das *Foto oben* stammt aus dem Zeitraum des 1. Fünfjahrplanes und wurde noch vor dem 10. Mai 1953 aufgenommen. In dieser bewegten Zeit entstanden in der Moritzstraße zwischen Ernst-Thälmann-Straße und Zschopauer Straße erste Neubauten in Ziegelbauweise. Das besondere an ihnen war die in Chemnitz erfundene und praktizierte Gewölbebauweise. Sie ermöglichte, ohne Stahlträger zu bauen. Wegen der Deckenwölbung war das Wohnen gewöhnungsbedürftig. Im Jahr 1954 waren die Häuser fertiggestellt und bezugsfähig.
Das *untere Foto* zeigt den Durchgang zur Wiesenstraße.

Als es wieder möglich war, vom Hohen Turm des Neuen Rathauses einen Blick in die Umgebung zu riskieren, gelangen diese Aufnahmen so zu sagen als Nebenprodukt. Für das kleine *Foto oben* war das Objektiv der Kamera auf den Stalinplatz (Bildmitte) gerichtet. Auf dem *Foto rechts* blickt man in Richtung Ernst-Thälmann-Straße/Kreuzung Poststraße. Im oberen Bild-Drittel links ist das noch nicht wieder aufgebaute ehemalige Kaufhaus „Tietz“ zu sehen. Davor, in der Bildmitte, engt das Gebäude der ehemaligen Reichsbank die Ernst-Thälmann-Straße stark ein. Am rechten Bildrand steht ein neues Gebäude, in dem zunächst die Bezirksleitung der SED untergebracht war. Später wurden in der daraus hervorgegangenen Poliklinik (heute Gesundheitsamt) Patienten versorgt. Von der künftigen Zentralhaltestelle konnte man sich noch kein Bild machen.

Foto oben: Wir blicken über die Rathaustürme südwestlich zum Kaßberg. Rechts unten ist ein Transformatorenhaus der Energieversorgung am Getreidemarkt sichtbar.

Foto links: Bei diesem Bild fällt die Orientierung relativ leicht. Etwa in der Bildmitte ist der frei stehende und bereits wieder mit seiner charakteristischen Dachhaube versehene Rote Turm sichtbar. An seiner Seite zum Rathaus hin sind Nebengebäude für das Café am Roten Turm entstanden. Rechts ist die Großbaustelle „Rekonstruktion der Straße der Nationen" unübersehbar. Die landwärts rechte Straßenseite ist von Großplattenbauten geprägt, und das Autohaus an der Ecke Brückenstraße steht im Rohbau.

Im *oberen Foto* wendet sich der Blick vom Hohen Turm zum Sport-Hochhaus an der Wilhelm-Pieck-Straße, etwa in Höhe der Einmündung der Inneren Klosterstraße.

Das große *Foto links* dokumentiert die gewaltigen Ausmaße der einschneidenden Trassenveränderungen bei Fahrbahnen und Gleisanlagen im Verlauf von Wilhelm-Pieck-, Helmut-Just- und Mühlenstraße. Davon waren insbesondere auch die Straßenbahnlinien 3, 4 und 7 betroffen. Weiter im Hintergrund sind die Schloßkirche, das Stadtbad und die Eltwerkessen erkennbar!

Alle Aufnahmen dieser Doppelseite entstanden am 10. 5. 1953. Während einer Großkundgebung im Stadtzentrum wurde die Arbeiterstadt Chemnitz durch den damaligen Ministerpräsidenten der DDR, Otto Grotewohl, umbenannt! Aus diesem Anlaß rollte im Fahrzeug-Konvoi auch ein Regierungs-Tschaika durch die Straße der Nationen.

Vor dem Roten Turm, der noch sein Behelfsdach besaß, war die Tribüne aufgebaut worden. Ehe die Veranstaltung begann, waren die riesige Karl-Marx-Plakette sowie der Schriftzug mit dem künftigen Namen noch geheimnisvoll verhüllt.

Nachdem Otto Grotewohl besonders die Leistungen der Werktätigen der Stadt gewürdigt und den neuen Namen amtlich gemacht hatte, folgten die feierlichen Enthüllungen.

Gleichzeitig wurde an der Giebelseite des Neuen Rathauses ein zweiter Schriftzug sichtbar. Trotz der großen Beteiligung von Kundgebungsteilnehmern war die Resonanz zur Namensänderung bei den Einwohnern durchaus zwiespältig. Ungeachtet dessen wurde „Karl-Marx-Stadt" welt-welt zum Begriff.

Um das Jahr 1955 stand das „markante“ Volksbankgebäude einsam und allein in der Inneren Johannisstraße *(Foto oben)*. Außer dem Geldinstitut beherbergte es die „Friese’sche Buchhandlung“ und die „Drogerie Büttner“. Die Situation war im *Foto rechts* im wesentlichen identisch, als ich von der Lange Straße aus zum Roten Turm fotografierte: Man erkennt das Rathaus, die Volksbank, rechts die Sparkasse am Stalinplatz sowie viel Ödland.

BUDAPEST
BUDAPEST

Am 25. September 1960 gelang es mir, unter anderem das im Krieg relativ unversehrt gebliebene Neue Rathaus mit seinen stattlichen Ausmaßen von der Lange Straße aus auf den Film zu bannen. Auch die alten, von Trümmern inzwischen weitgehend geräumten historischen Strukturen der Straßenzüge sind deutlich erkennbar, wenn es auch manchmal größere Mühe bereitet, sie richtig einzuordnen.

Dieses Foto wurde von der Bretgasse/ Lange Straße aus augenommen. Im Vordergrund ist die Brache der künftigen Baustelle „Rosenhof“ zu sehen. Ein einsames transportables Förderband repräsentiert die zunächst noch nur in geringem Maße vorhandene „moderne Technik“. Und noch ein Relikt aus der Chemnitzer Vergangenheit ist sichtbar: Am Getreidemarkt ragt noch der Turm der zerstörten Paulikirche himmelwärts.

Foto oben: Mit einem kleinen Kameraschwenk wurde die Verbindung Markt/Holzmarkt erfaßt. An der Inneren Klosterstraße sind Neubauten entstanden, am Markt wurde die erhaltene historische Barockfassade in den Wiederaufbau des Siegertschen Hauses integriert, und am Holzmarkt existierte in einer ausgebauten Ruine eine Möbelverkaufsstelle der KONSUM-Genossenschaft.

Foto rechts: Auf diesem Bild ist die Straße der Nationen im Kreuzungsbereich Brückenstraße/Mühlenstraße vor dem Beginn der Aufbauarbeiten zu sehen. Am rechten Bildrand ist das Gebäude der Chemnitzer „Volksstimme“ angerissen, und über der Freifläche sind im oberen Bilddrittel Gebäude an der Waisenstraße Ecke Philipp-Müller-Straße zu erkennen.

Diesen Anblick konnte man längere Zeit aus den Fenstern eines Betriebes an der Moritzstraße „genießen". Zu sehen sind über den Trümmern von Grundstücken an der Moritzstraße (unterer Bildrand) links hinten der Paulikirchturm am Getreidemarkt und rechts insbesondere die alte Post mit dem dazugehörigen Postsaal.

Vom gleichen Standort aus wurde das, was vom bekannten „Korbhaus Rauschelbach“ übriggeblieben war, fotografiert. Als Orientierungshilfe: An dieser Stelle entstanden später zunächst der Omnibuswendeplatz und – nach der Wende – der massige Komplex des Moritzhofes.

Die im *kleinen Foto oben* abgebildeten Häuschen befanden sich an der stadtwärtig rechten Seite der Zschopauer Straße vor der Einmündung in die Philipp-Müller-Straße in der Nähe der Johanniskirche. Unter anderem hatten dort die „Fahrschule Mannhart“ und die „Fleischerei Günther“ ihre Läden.

Das *Foto rechts* entstand wieder von der Moritzstraße aus und zeigt die Ernst-Thälmann-Straße mit einem Schmalspurzug der Linie 4 aus Bernsdorf vor dem Gebäude der ehemaligen Reichsbank. Rechts sind die Seitenmauer des ehemaligen Kaufhauses „Tietz“ und das Sparkassengebäude am Stalinplatz zu sehen.

Auch auf der landwärts rechten Seite der Zschopauer Straße entstanden zwischen Moritz- und Annenstraße Neubauten.

Aus der Poststraße kommend, fährt ein Zug der Straßenbahnlinie 5 nach links in die Annaberger Straße. Durch den Triebwagen wird die Halb-Ruine der Firma „Radio Henkel“ verdeckt. Hier war ein beliebter Treffpunkt für Freunde der Modelleisenbahn. Etwas weiter hinten ist in der Annaberger Straße das Gebäude der früheren „Neuesten Nachrichten“ gut erkennbar.

So sah es vor Beginn des ehrgeizigen Vorhabens, die Schmalspur-Straßenbahnlinien von 925 mm auf 1435 mm (Normalspur) umzuspuren, in der Annaberger Straße aus. Ein Zug der Linie 5 biegt bei der Firma „Radio-Henkel“ nach rechts in die Poststraße ein. In der Bildmitte rechts ist das Gebäude des Postsaales, das später teilweise rückgebaut wurde, sichtbar. Geradeaus befand sich die Chemnitzer Straße.

Auch später war es mir noch manchmal möglich, vom Fenster meines Arbeitszimmers aus eindrucksvolle Dokumente der sprunghaften baulichen und Verkehrsentwicklung anzufertigen, obwohl dies damals eher unbewußt geschah! Die Ruinen waren inzwischen beseitigt. Auf der nun zur Verfügung stehenden Fläche ist ein Buswendeplatz entstanden. Hier konnten mehrere Buslinien des Städtischen Nahverkehrs in zentraler Lage günstig beginnen und enden. Gleichzeitig wurden für das Personal soziale Einrichtungen geschaffen. Das Bild wurde von Ikarus-Gelenkbussen beherrscht. In unmittelbarer Nähe des Ankunftsteiges trug ein zentraler Obst- und Gemüsemarkt dazu bei, die Einwohner besser zu versorgen. Um die Zentralhaltestelle selbst sind manche alte Häuser verschwunden und nach und nach neue Bauwerke entstanden.

Und noch einige andere markante Ansichten aus dieser bewegten Zeit sind erwähnenswert: An erster Stelle das charakteristische Ensemble der alten Post. Es stand an der Lange Straße und hat sich bis in die heutige Zeit äußerlich fast nicht verändert.

Im Innenstadtgebiet zwischen Lange Straße, Bretgasse und Chemnitzer Straße war durch die verheerenden Bombenangriffe fast kein Stein auf dem anderen geblieben. Um so mehr zeugt es vom Willen alteingesessener Chemnitzer Firmeninhaber, in schweren Zeiten unter heute kaum noch nachvollziehbaren Bedingungen einen Beitrag zur Versorgung der Bevölkerung zu leisten. In diesem Gebäude (*Foto links oben*) beispielsweise befand sich „C. Winters Buchhandlung". Und nicht weit entfernt *(Foto links unten)* konnte man beim „VEB (K) Verkehrsbetriebe" Fahrkarten erwerben.

Neben dem Kartenverkauf des VEB (K) Verkehrsbetriebe in der Chemnitzer Straße war die Firma „Lampen-Conrad“ etabliert.

Eine Anmerkung vorab: Alle Aufnahmen der Vorseite und dieser Doppelseite entstanden am 9. Oktober 1960. Erst in dieser Zeit war das Nutzungsende der Interimsbauten herangekommen. Wenig später mußten die Notbehelfe einer endgültigen Neubebauung weichen! Mit Blickrichtung von der Poststraße auf die Lange Straße kam mir dieses Fleischereigeschäft vor das Objektiv. Leider habe ich den Namen nicht mehr ermitteln können. Im Hintergrund ist auch der Turm der Paulikirche noch erkennbar.

Auch die damals stadtbekannte Firma „Malz, Lotterie und Tabakwaren“ hatte ihre Geschäftsräume in der Chemnitzer Straße.

In unmittelbarer Nachbarschaft war schließlich auch das Ladengeschäft von „Optiker Richter“ zu finden.

Auf dem durch Bombenangriffe vollständig zerstörten Gelände an der Einmündung der Dresdner in die Augustusburger Straße befand sich ursprünglich das Hotel „Goldener Anker“. Anfang der 50er Jahre wurde an dieser Stelle der Sowjetpavillon errichtet. Er wurde zur Festigung der Deutsch-Sowjetischen Freundschaft genutzt und beherbergte Flächen für unterschiedliche Ausstellungen.

Am Anfang der Augustusburger Straße stand dieses, ebenfalls vielen Einwohnern und Gästen bekannte große Gebäude. In seinen Mauern befanden sich die „Tanzbar Libelle“ und ein Schnellimbiß.

Fotos links: Gleich neben der „Libelle“ war in einem kleinen Altbau die Firma „Bliedung“ zu finden. Dieses Gebäude grenzte mit seiner linken Giebelseite an die Hospitalstraße und schmiegte sich mit der anderen Giebelwand an das viel größere und höhere Nachbarhaus. Dahinter befanden sich in den alten Häusern an der Hospitalstraße weitere kleine Läden wie Topfhalle, Zoologie-Fachgeschäft und Friseur. Im Hintergrund ist auf dem oberen Foto die Turmspitze der Johanniskirche sichtbar.

Weitere solcher alten Häuser wie diese auf dem Bild standen am Kirchweg. Im Verlauf der Vorbereitung auf die umfangreichen Baumaßnahmen zur Rekonstruktion der Straßenbahntrasse und der Fahrbahn der Augustusburger Straße wurde die gesamte Altbausubstanz abgerissen.

Auch dieses Gebäude am Kirchweg fiel den Baumaßnahmen zum Opfer.

Die Abrißarbeiten am Haus der Firma Bliedung gehen voran: Hier fehlt bereits die Hälfte des Gebäudes...

... und hier ist es ganz verschwunden. der Abriß ist vollendet!

Fewa

Vom Roten Turm hatte man einen guten Überblick auf die unmittelbare Umgebung. Das Bild zeigt den Stalinplatz in seiner gesamten Ausdehnung. Hier befand sich über einen längeren Zeitraum der wichtigste Knotenpunkt des städtischen Nahverkehrs. Im Verlauf der späteren Bau- und Rekonstruktionsmaßnahmen entstand an dieser Stelle der vollkommen verkehrsberuhigte Posthof.

Im August 1961 wurde dieses Bild aufgenommen. Es zeigt die Kreuzung Straße der Nationen/Brückenstraße. Die Neubauten in Großplattenbauweise waren fast vollendet, lediglich vom Autohaus an der Ecke Brückenstraße stand erst das Rohbau-Skelett. Der Straßenbahnzug der Linie 5 fuhr noch schmalspurig zum Hauptbahnhof. Die links im Bild erkennbare „Kronen-Apotheke" existierte noch im ursprünglichen Altbau.

Hier wird noch ein schneller Blick von der früheren „Grünen Ecke“ zum Bankgebäude am Stalinplatz geworfen. Dort war ein „HO-Schnelleinkauf“ eingerichtet. Interessant waren die Leuchtwerbungen „Photographiere mit Agfa“ an dieser Giebelwand und „Fewa-Johanna“ auf der gegenüberliegenden Seite.

In der Brückenstraße hatte der auffallende Bau des Kaufhauses „Merkur“ (gegründet als Kaufhaus „Schocken“) den Krieg mit erheblichen Schäden überdauert. Das Kaufhaus konnte jedoch relativ schnell wieder eröffnet werden und beherbergte meines Wissens den ersten „Freien Laden“. Später wurde es unter anderem als HO-Warenhaus geführt. Daneben ist das Gebäude der Chemnitzer „Volksstimme“ zu sehen. Die im Vordergrund verlaufende Straße der Nationen befand sich in diesem Teil gerade in der ersten Ausbauphase.

An der Waisenstraße entstand Mitte der 50er Jahre diese Aufnahme. Damals gab es auch an der Ecke Lindenstraße noch Trümmergrundstücke, von denen Ziegelsteine für künftige Bauvorhaben geborgen wurden. Im Hintergrund ist der Turm der Petrikirche am Theaterplatz sichtbar.

Wenig später konnte man in neu erbauten, kleinen einstöckigen Läden einkaufen. Bekannt war unter anderem die Firma „Uhren-Müller“. Diese Interimsbebauung wurde etwa ein Jahrzehnt benutzt.

Noch 1960 befand sich an der Straße der Nationen Ecke Gartenstraße die alte „Kronen-Apotheke“. Im gleichen Gebäude waren Geschäfte der Firmen „Fischer“ und „Vogel“ ansässig.

Daneben konnte man sich im bekannten „Café Michaelis“ verwöhnen lassen oder das Geschäft von „Optiker Köhler“ aufsuchen. Das gesamte Altbau-Ensemble wurde im Rahmen der Rekonstruktion der Straße der Nationen vollständig abgerissen.

Gegenüber dem stattlichen Eckgebäude an der Zimmerstraße war der erste Neubau an der Straße der Nationen entstanden. Darin hatte die Industrie- und Handelskammer ihre künftigen Verwaltungsräume bezogen.

Als weiteres charakteristisches Gebäude der damaligen Zeit war vielen Einwohnern das frühere Hotel Herrmann ein Begriff. Es befand sich in Insellage zwischen der Straße der Nationen und der Lindenstraße. Im Erdgeschoß war seinerzeit eine der ersten HO-Verkaufsstellen für Lebensmittel eingerichtet.

An der Ecke Bahnhofstraße/Straße der Nationen entstand am 9. Oktober 1960 diese Fotografie. Sie zeigt den Neubau der damaligen Humboldt-Volksbuchhandlung und der künftig dorthin zu verlagernden „Staatlichen Kronen-Apotheke“. Des weiteren praktizierten in diesem Neubau mehrere Fachärzte. In einem Anbau befand sich das „Café Freundschaft“, im Volksmund „Vogelbauer“ genannt. Später war dort eine Fischgaststätte angesiedelt. Auf der Straße der Nationen schloß sich an dieses Gebäude u. a. der Komplex der damaligen Hochschule für Maschinenbau an.

Einen traurigen Eindruck machte diese Seite der Straße der Nationen in diesem Abschnitt. Das künftige „Interhotel Moskau“ befand sich noch im Bau. Die holprige Fahrbahn war gesperrt, aber die Arbeiten zur Umspurung der Straßenbahn hatten noch nicht begonnen. Ein Bauzaun zeugte jedoch davon, daß auch in dieser Gegend bald weitere Neubau-Wohnungen bezugsfertig sein würden.

Bereits im Februar 1960 war die kurze Zeit der Interimsbebauung an der Waisenstraße schon wieder Geschichte. Unter anderem wurde die Firma „Koffer-Schulz“ abgerissen, um Platz für Neues zu schaffen. Ein gleiches Schicksal ereilte auch weitere Gebäude an der Straße der Nationen. Darunter befand sich das Tageskino „Biograph“.

An der Einmündung der Brückenstraße in die Straße der Nationen stand dieses zweigeschossige Gebäude, in dem die Firmen „Erna Lorenz“, „Kurt Tröber“ (Uhren & Schmuck), „Arno Georgi“, „Lieselotte Strauß“ (Hüte), „Wolfs Schuhe“ und „Koffer-Vogel“ ansässig waren.

Vielen Bürgern wird der Teil des alten Brühis um den Friedrichsplatz herum noch ein Begriff sein. Auch diese Häuser wurden abgerissen, um Neues zu schaffen.

Einen interessanten Anblick hatte man am 25. August 1960 vom Roten Turm aus, ehe mit dem Aufbau der „Schuh-Meile“ begonnen wurde. Zu sehen sind links die Rückseite des Neuen Rathauses und die 1954 vollendeten Neubauten an der Inneren Klosterstraße mit den Fachgeschäften „Kavalier“, „Strick-Chic“ und anderen. Rechts im Vordergrund ist nochmals das „Haus des Handwerks“ abgebildet, ehe es abgetragen wurde.

Die Innere Klosterstraße zeigte sich anläßlich des Tages der Republik im Fahnenschmuck. Vorn links ist gerade noch die Seitenwand zur Kirchgasse der „Agricola-Volksbuchhandlung“ angeschnitten. Die Mauer rechts gehört zur Jakobikirche.

Dort wo der Schloßberg vom Schloßteich zur Salzstraße hinaufführt, befindet sich der älteste Teil der Stadt. Bekannt waren und sind insbesondere die Fachwerkhäuser im unteren Teil, von denen das Kellerhaus am meisten hervorsticht. Es wurde im *linken Foto* von oben herab und auf dem *Foto oben* von unten aufgenommen. Es diente unterschiedlichen Zwecken, zum Beispiel als Gaststätte und als Sitz des Gehörlosen- und Taubstummenverbandes. Es wurde mehrfach rekonstruiert.

Schon im Jahr 1954 fand nahe der Einmündung der Schloßteich- in die Bergstraße das Schloßteichfest statt. Im Hintergrund ist die Bebauung beider Straßen sichtbar. Geprägt wurde die Attraktion durch vielfältige Verkaufsstände, ...

... mobile gastronomische Einrichtungen wie „Schuberts Bierzelt“, an dem stets großer Andrang herrschte, ...

... und natürlich auch lange entbehrte Fahrgeschäfte wie Riesenrad und Karussells. Von den Besuchern wurden diese Angebote nach den Jahren der Entbehrung gerne angenommen. Man spürte: Langsam geht es wieder bergauf!

Fotos links und rechts: Noch einmal kehren wir zum Roten Turm zurück. Am 15. Juni 1959 hatte er im Rahmen des Auf- und Ausbaus auch äußerlich sein historisches Aussehen zurückerhalten. Im Inneren konnte man wieder Ausstellungen zur Stadtgeschichte besuchen. Nur das Umfeld war wenig attraktiv und mußte erst noch umgestaltet werden.

Zum Abschluß des kleinen Ausfluges durch ausgewählte Gebiete unserer Stadt in bewegten und bewegenden Zeiten werfen wir noch einmal einige Blicke aus dem Roten Turm. Auf dem *Bild links* sieht man am Standort Brückenstraße den Brückenmarkt sowie dahinter die noch aktiven Schornsteine des Eltwerkes an der Nordstraße. Im rechten Bildteil erhebt sich über den Dächern der Umgebung die Kuppel des Opernhauses.

An der Straße der Nationen begannen Anfang August 1960 die Vorbereitungen zum Bau der neuen Hauptpost und des Hauses der Industrieverwaltungen, in deren Folge der Posthof in eine grüne Oase verwandelt wurde.

Weitere Bücher aus dem Wartberg Verlag

Uwe Fiedler, Wolfgang Landgrebe

Chemnitz

Gestern und heute
– Eine Gegenüberstellung

60 Seiten, geb., zahlr. Farb- und S/w-Fotos

(ISBN 3-86134-404-1)

Uwe Fiedler

Chemnitz

Ein verlorenes Stadtbild

Historische Fotografien
72 Seiten, geb., zahlr. S/w-Fotos

(ISBN 3-86134-175-1)

Gabriele Viertel, Uwe Fiedler

Rundflug über
das alte Chemnitz

64 Seiten, geb., Großformat,
zahlr. S/w-Fotos

(ISBN 3-86134-535-8)

Hubert Gaedtke, Bernd Weise

Chemnitz

Farbbildband

deutsch/englisch/französisch

72 Seiten, geb., zahlr. Farbfotos

(ISBN 3-86134-617-6)

Hubert Gaedtke, Bernd Weise

Chemnitz

Auf den ersten Blick

deutsch/englisch/französisch

30 Seiten, geb., zahlr. Farbfotos

(ISBN 3-86134-618-4)

Norbert Peschke

Zwickau

Gestern und heute
– Eine Gegenüberstellung

60 Seiten, geb., zahlr. Farb- und S/w-Fotos

(ISBN 3-86134-410-6)

Anette Bauer, Jörg Nicklaus, Bernd Schreiter

Aus alter Arbeitszeit
im Erzgebirge

64 Seiten, geb., Großformat,
zahlr. S/w-Fotos

(ISBN 3-86134-341-X)

Wartberg Verlag

34281 Gudensberg-Gleichen, Im Wiesental 1
Tel.: (05603) 93050 / Fax: (05603) 3083